L'ENCYCLOPÉDIE LAROUSSE
6/9 ans

Les chevaliers

LAROUSSE

Textes
Anne-Marie Lelorrain

Illustrations
Rebecca Dautremer

Conception graphique et direction artistique
Anne Delalandre

Direction de la publication
Marie-Pierre Levallois

Direction éditoriale
Françoise Vibert-Guigue

Recherche iconographique
Brigitte Bouhet

Correction
Marie-Claude Salom Ouazzani

Fabrication
Annie Botrel

L'ENCYCLOPÉDIE LAROUSSE
6/9 ans

Les chevaliers

LAROUSSE

SOMMAIRE

Les chevaliers

La vie des chevaliers

Au temps des chevaliers

Les châteaux forts

La vie au château

Les chevaliers

**Les chevaliers
sont des guerriers.
Leur principale activité
est de se battre à cheval.
Ils veulent accomplir
des exploits
dans les batailles.**

À cheval

Depuis l'époque de
Charlemagne (800),
la cavalerie joue
un rôle essentiel
dans les batailles.
Elle est formée de
spécialistes, capables
de se faire obéir de
leurs chevaux et de
manier des armes
très lourdes, grâce
à un excellent
entraînement.

Sans peur

La principale qualité du chevalier est
la bravoure : il doit affronter, sans crainte,
des ennemis plus forts que lui. Il doit aussi
être fidèle à Dieu, à son seigneur, ne pas
mentir et tenir ses promesses. Et défendre
les plus pauvres et les faibles.

L'adoubement

On devient chevalier au cours d'une cérémonie appelée « adoubement ».
À l'origine, être adoubé, c'était tout simplement recevoir son équipement.
Puis l'adoubement est devenu une cérémonie religieuse.
Après l'adoubement, les nouveaux chevaliers, que l'on appelle
des « bacheliers », passent un an à parcourir le monde en cherchant de
grands exploits à accomplir. Ces exploits sont appelés des prouesses.

1. Le futur chevalier passe **la nuit** en prières dans une chapelle.

2. Ses armes sont placées sur l'autel et **bénies** par un prêtre.

3. Il se met **à genoux**, et son parrain lui donne sur l'épaule une tape du plat de son épée. Ce geste s'appelle la **colée**.

4. On lui remet ses **éperons**, essentiels pour le maniement du cheval.

5. L'adoubement du chevalier donne lieu à de grandes **fêtes**, surtout si le jeune homme appartient à une puissante famille.

6. Le nouveau chevalier est prêt à accomplir des **prouesses**.

Est-ce que les chevaliers se battaient sans arrêt ?
Non, car pour limiter la violence des chevaliers, l'Église chrétienne leur interdisait de combattre à certains moments de l'année, qui s'appelaient la trêve de Dieu.

Est-ce que tout le monde pouvait devenir chevalier ?
Non, la plupart des chevaliers étaient des fils de chevaliers. À partir de 1100, il est interdit d'être chevalier à ceux qui n'ont pas au moins trois arrière-arrière grands-parents chevaliers. L'ensemble des chevaliers et de leurs familles (on dit « leur lignage ») forme la noblesse.

Fallait-il être riche pour devenir chevalier ?
Oui, il fallait posséder un cheval de combat avec son harnachement, une armure et des armes, ce qui coûtait très cher. Seuls ceux qui possédaient assez de terres (la principale richesse) pour payer cet équipement, ou qui recevaient une aide des princes, pouvaient devenir chevaliers.

L'enfance d'un chevalier

Dès leur plus jeune âge, les fils des chevaliers et des seigneurs sont entraînés à devenir eux-mêmes de bons chevaliers.

Le **page** commence son apprentissage de chevalier au service d'un seigneur.

Devenu **écuyer**, il est chargé de veiller sur les armes du chevalier qu'il sert.

Premier apprentissage

Quand il a sept ans, le jeune garçon quitte sa famille pour le château d'un seigneur que connaît son père. Là il devient page, c'est-à-dire qu'il est au service de ce seigneur qui lui apprend à manier les armes et à bien s'occuper des chevaux. Il mange à la table du seigneur et apprend à bien se tenir.

Les écuyers

En grandissant, vers 14 ans, le jeune homme reçoit de nouvelles responsabilités. Il apprend à assister le seigneur pendant les combats et porte son bouclier, que l'on appelle aussi l'écu ; c'est pourquoi on l'appelle désormais écuyer. C'est à la fin de cet apprentissage que l'écuyer est adoubé chevalier.

Est-il obligatoire d'avoir été page, puis écuyer, avant de devenir chevalier ?

Non, certains grands personnages ont été armés chevaliers sans suivre ce parcours ; c'est le cas du roi François Ier, qui se fit armer chevalier par Bayard après la victoire de Marignan en 1515.

Les futurs chevaliers allaient-ils à l'école ?

Non, il n'existait d'écoles que dans les monastères. Certains garçons avaient un professeur particulier quand ils étaient encore chez leur père, mais beaucoup de chevaliers ne savaient ni lire, ni écrire.

La vie des pages était-elle amusante ?

Oui, dans l'ensemble. Dans les grands châteaux, la troupe des pages inventait toutes sortes de farces et de sottises qui les faisaient bien rire. Cela a donné naissance à l'expression « effronté comme un page ».

Des jeux pour s'entraîner

Tous les jeux servent à améliorer l'adresse, la rapidité et la force du futur chevalier.

La quintaine
Un bouclier et un sac de sable sont accrochés sur une poutre qui tourne. Le cavalier doit frapper le bouclier et ne pas se faire jeter à terre par le sac.

Les cavaliers
Monté sur les épaules d'un autre page, il faut faire tomber son camarade.

La bague
Des anneaux sont fixés à un poteau et le cavalier, lancé au grand galop, doit en enfiler le plus possible sur son épée ou sa lance.

Bien équipés

Le chevalier porte des armes qui lui servent à attaquer ses ennemis et une armure qui le protège des coups.

heaume

L'armure

L'armure a évolué au cours du Moyen Âge. Vers l'an 1000, elle comporte une longue cotte de mailles, ou haubert, faite de milliers de petits anneaux de fer, et un casque appelé heaume. Ce casque peut comporter un nasal, plaque de métal protégeant le nez.

L'armure protège mieux que le haubert. Fabriquée en acier argenté, elle recouvre tout le corps.

plastron

braconnière

gantelet

jambière

Le haubert est une longue cotte de mailles. Elle se prolonge par un **capuchon**. Au début, le **heaume** (casque) a un **nasal** (protège-nez).

Au XIIe siècle, le **heaume** devient un grand casque couvrant toute la tête.

À la fin du Moyen Âge, le heaume s'allège et la visière devient mobile.

Une lourde carapace

Petit à petit l'armure se perfectionne, et tout le corps des chevaliers est désormais protégé par une cuirasse, sorte de carapace articulée, avec des renforts aux épaules, aux coudes et aux genoux. À la fin du Moyen Âge, les casques comportent une visière articulée qui cache entièrement le visage.

Si un chevalier était gaucher, portait-il son bouclier au bras droit ?

Non, car il n'y avait pas de chevaliers gauchers. On considérait que la gauche était le côté du Mal, et un chevalier, au service du Bien, n'aurait pas pu tenir son épée de la main gauche. Dès l'enfance, on était obligé de ne se servir que de la main droite.

À part Excalibur, existe-t-il des épées célèbres ?

Dans la Chanson de Roland, un long poème qui raconte les aventures de Roland, le neveu de Charlemagne, celui-ci a une épée nommée Durandal, et l'épée de son ami Olivier s'appelle Hauteclaire. Durandal était si solide que Roland parvint à fendre une montagne sans casser sa lame.

Combien pesait une armure ?

Les armures de la fin du Moyen Âge pesaient entre 20 et 30 kilos. Le chevalier mettait beaucoup de temps à se préparer et il avait besoin d'aide pour enfiler son armure.

L'écu
À son bras gauche, le chevalier porte un bouclier de cuir tendu sur une armature de bois. Au début, le bouclier était rond, puis il est devenu très long (1,50 m), et enfin on est revenu à un bouclier plus petit et triangulaire.

L'épée
L'arme préférée du chevalier est son épée, qui doit être tranchante et solide. Les épées portent un nom comme si elles étaient vivantes : celle du roi Arthur s'appelle **Excalibur.**

Les épées longues peuvent percer les joints des armures.

Certains chevaliers portent aussi une masse d'armes, un casse-tête, ou une hache d'armes.

Casse-tête

Masse d'armes ou marteau de guerre

Portée par les cavaliers, la **lance** a une pointe en métal et un très long (4 à 6 m) manche de bois.

Sous l'armure, le chevalier porte des **vêtements matelassés.**

Les **épées courtes** sont utilisées par les combattants à pied pour tuer les chevaux.

La hallebarde est une sorte de hache à long manche, portée par les soldats à pied.

À cheval

Les chevaux sont si importants pour les chevaliers qu'il existe toutes sortes de mots pour les désigner.

Le destrier

C'est le cheval de combat, le plus important. Pendant les combats, le destrier est protégé lui aussi par une armure, le caparaçon. Les destriers sont des chevaux très solides, capables de porter plus de 100 kg. Le chevalier, très lourd avec son armure et ses armes, y tient en équilibre grâce aux étriers, qui ont été inventés au début du Moyen Âge.

Le bidet est un petit cheval.

Le destrier est le cheval de combat.

L'écuyer le conduit par la bride, de sa main droite (destre en vieux français).

Les chevaux des dames

Les dames ont des palefrois ou des chevaux plus petits, les haquenées. Il n'est pas question pour elles de monter à califourchon, elles s'asseyent sur une selle d'amazone, avec les deux jambes du même côté. Afin de ne pas les secouer, les haquenées sont dressées à marcher l'amble, c'est-à-dire en avançant les deux pattes du même côté.

Comment les chevaliers pouvaient-ils se hisser sur un cheval avec leur lourde armure ?

Il leur fallait de l'aide : leurs écuyers et leurs serviteurs les poussaient et ils utilisaient parfois un petit banc pour atteindre leur selle.

Que se passait-il quand un chevalier tombait de cheval ?

Son armure était si lourde qu'il ne pouvait pas se relever seul. S'il tombait pendant une bataille, il était toujours fait prisonnier et devait payer une rançon.

Est-ce qu'un cheval coûtait cher ?

Pour acheter un destrier, qui coûtait environ dix fois plus cher qu'un cheval ordinaire comme le roncin, un petit seigneur devait donner tout ce que lui avait rapporté sa terre en une année.

La **haquenée** est réservée aux **dames**. Elles la montent en amazone.

Le **palefroi** est un cheval moins puissant mais plus gracieux et surtout plus rapide que le destrier. Il sert pour les déplacements, la chasse et pour les parades où le chevalier veut paraître à son avantage.

Le **roncin** est un cheval de labour.

Des chevaux très ordinaires

Le sommier transporte l'équipement du chevalier et ses provisions ; le roncin est un cheval ordinaire utilisé par les paysans pour les travaux des champs, mais les chevaliers les plus pauvres doivent s'en contenter. On se moque de ceux qui montent des bidets ou des rosses, c'est-à-dire des chevaux laids, en mauvais état et mal nourris.

Les armoiries

Il est impossible de reconnaître un chevalier, une fois qu'il est recouvert de son armure. Chacun fait donc peindre son écu à sa propre façon. Ces peintures deviennent une sorte de signature.

Une carte d'identité

Le dessin de l'écu est reproduit sur les vêtements, les armes et les objets appartenant au chevalier. On dit que ce dessin constitue ses armes, ou ses armoiries ; on utilise aussi le mot blason. Le blason est représenté sur le drapeau du seigneur, appelé aussi bannière ou oriflamme, qui sert à se repérer dans les batailles.

Un blason pour une guerre

Les armoiries du roi de France étaient de fleurs de lys d'or sur champ d'azur (bleu), celles du roi d'Angleterre lions d'or sur champ de gueules (rouge). Quand le roi d'Angleterre a voulu devenir roi de France, ses armes ont été écartelées, c'est-à-dire partagées aux couleurs de France et d'Angleterre.

Les chevaux aussi sont aux couleurs des chevaliers.

18

Comment reconnaître les différents blasons ?

C'était très compliqué, et seuls des spécialistes, les hérauts d'armes, messagers chargés de porter des messages, connaissaient parfaitement toutes les armoiries de toutes les familles.

Cela a donné naissance à une science, l'héraldique.

Comment choisissait-on ses armoiries ?

Les chevaliers ne pouvaient choisir : ils ne devaient porter que les armoiries de leur famille, réservées au fils aîné. Plus tard, les villes ont eu aussi le droit d'avoir leurs propres armes.

Et les fils cadets ?

Ils avaient droit aux mêmes armoiries, mais avec une petite différence, appelée « brisure ».

Les figures

L'écu est divisé en plusieurs parties, les champs. Sur les champs, il y a différents dessins, appelés meubles : figures géométriques ou emblèmes. Il existe des dizaines de figures.

Les couleurs sont l'élément essentiel des blasons. On les appelle les émaux.

Le premier groupe de couleurs (les deux métaux) est formé du jaune et du blanc que l'on appelle l'or et l'argent.

Le deuxième groupe de couleurs : le rouge = gueules, le bleu = azur, le vert = sinople, le noir = sable. On y ajoute : le pourpre = violet, l'orange = orangé.

pal

fasce

bande

barre

chevron

croix

fleur de lys

lion , quand il est debout, on dit qu'il est « rampant »

lion assis

lévrier

aigle

fleurs

19

Les batailles

Les chevaliers jouent le premier rôle dans les batailles, mais les fantassins prennent de plus en plus d'importance.

À coup de lances

Chaque chevalier essaie de faire tomber son ennemi en le piquant de sa lance, qu'il tient bien serrée sous le bras. Parfois, mais plus rarement, la lance est utilisée comme un javelot et projetée sur l'ennemi.

La charge des chevaliers

Sur leurs destriers, les chevaliers s'élancent vers l'ennemi et s'affrontent deux à deux : la bataille est en fait une série de duels. Les chevaliers utilisent leur épée pour frapper d'estoc, c'est-à-dire avec la pointe, mais surtout de taille, avec le tranchant de celle-ci. On affirme qu'un très bon chevalier doit pouvoir couper en deux un ennemi et son cheval… Mais cela n'arrive jamais.

Combien y avait-il de combattants dans une bataille ?

Il faut faire attention aux chiffres : les chroniqueurs, qui décrivent les batailles de leur temps, affirment qu'il y a des milliers de combattants, mais il est difficile de réunir tant de chevaliers, sauf pour le roi de France et le roi d'Angleterre.

Y avait-il beaucoup de morts dans les combats ?

En fait, il y avait assez peu de morts dans la plupart des batailles, car plutôt que de tuer un ennemi, on préférait le faire prisonnier pour avoir une rançon. Mais Richard Cœur de Lion a été tué (1199) par un tir d'arbalète. Et il y a eu des milliers de chevaliers français tués à la bataille d'Azincourt, pendant la guerre de Cent Ans (1415).

Quand avaient lieu les batailles ?

On ne pouvait combattre qu'au printemps et en été, quand il y avait assez d'herbe pour nourrir les chevaux. Les combats cessaient à l'automne.

Les fantassins : archers et arbalétriers

À partir de 1300, en Angleterre, les paysans se sont entraînés à tirer à l'arc. Et pendant la guerre de Cent Ans, le roi Edouard III a su les utiliser : à Crécy, en 1346, puis à Poitiers, en 1356, les flèches anglaises tuent les chevaux français, et les beaux chevaliers, désarçonnés, sont vaincus par des paysans.

L'arbalète rend les fantassins plus efficaces encore, car la corde de l'arc se tend au moyen d'un ressort. Les arbalètes sont si dangereuses que l'Église a plusieurs fois interdit de s'en servir.

Les **fantassins** combattent à pied. Ils sont armés de lances, d'arcs et d'arbalètes. L'arbalétrier peut tirer avec précision des projectiles (les carreaux), à 80 m de distance.

Les croisades

Pendant près de 200 ans, des chevaliers sont allés combattre les musulmans en Palestine au nom de la croix du Christ, c'est pourquoi on appelle ces guerres des croisades et les chevaliers, des croisés.

À la conquête de Jérusalem

Pour les Européens du Moyen Âge, qui sont tous chrétiens, le pays de Jésus (la Palestine) et Jérusalem, sa capitale, sont très importants : c'est la Terre sainte. Or, depuis l'année 638, la Palestine appartient aux Arabes musulmans. En 1095, le pape décide que les chevaliers chrétiens doivent faire une expédition afin d'en reprendre possession.

Le succès de la Première croisade

En 1099, les croisés, venus de tous les royaumes d'Europe et conduits par Godefroy de Bouillon, s'emparent de Jérusalem. Sur ces territoires conquis en Terre sainte, les croisés construisent de puissants châteaux forts.

D'autres expéditions

Mais les musulmans luttent pour reconquérir leurs terres et reprennent Jérusalem, en 1187. Sept nouvelles croisades seront organisées pour essayer de les battre, mais les croisés devront abandonner la Terre sainte en 1271.

Les croisés
Les chevaliers qui décident d'aller en Palestine portent sur leurs vêtements une croix rouge. Ils deviennent alors des croisés.

Saladin, un vrai chevalier

Le prince musulman qui reprend Jérusalem aux croisés est Saladin, le sultan d'Égypte et de Syrie. Les croisés sont d'accord pour dire qu'il est très brave et très généreux. Pendant un siège, il a même fait porter des sorbets à ses ennemis assoiffés !

Si les croisades ont duré 200 ans, pourquoi n'y en a-t-il que huit ?

En réalité, jusqu'à la fin du Moyen Âge, les Européens ont toujours rêvé de reprendre Jérusalem et, en dehors des grandes expéditions, il y a toujours eu des chevaliers qui sont allés combattre pour la Terre sainte.

Les enfants participaient-ils aux croisades ?

À plusieurs reprises, en 1212, 1250 et 1320, des enfants de pauvres gens ont voulu aller se battre en Terre sainte et se sont lancés sur les routes, mais ils ont tous été massacrés avant d'y arriver.

Les rois ont-ils participé aux croisades ?

Le roi de France Philippe Auguste et le roi d'Angleterre Richard Cœur de Lion ont dirigé la IIIᵉ Croisade et le roi de France saint Louis a pris la tête des VIIᵉ et VIIIᵉ croisades.

Les seigneurs

Au Moyen Âge, toutes les terres appartiennent à des seigneurs. Ce sont des personnages puissants, capables d'assurer la sécurité de ceux qui dépendent d'eux.

D'homme à homme

En échange de la protection d'un seigneur, les habitants des campagnes jurent de lui être fidèles. Les seigneurs eux-mêmes cherchent la protection d'un seigneur plus puissant et jurent de l'aider, en combattant pour lui, et même en lui donnant leurs richesses.

Serments de fidélité

Tous les seigneurs sont liés entre eux par des serments. Du plus petit châtelain au plus puissant prince, chaque seigneur reconnaît que lui et ses terres dépendent d'un seigneur plus puissant. Il est le vassal de ce seigneur. Le seigneur est son suzerain.

D'où viennent les seigneurs ?

Au début du Moyen Âge, quand les rois n'ont plus été capables de se faire obéir, chacun chercha un puissant personnage capable de le défendre et plus proche que le comte. Ce fut le seigneur (du mot latin senior qui signifie « plus vieux », donc plus respectable).

Quels sont les pouvoirs du seigneur ?

Les seigneurs avaient presque tous les pouvoirs sur les habitants de leur seigneurie (leur fief). Les paysans devaient payer diverses redevances et cultiver les terres du seigneur : c'était la corvée. Les seigneurs avaient le droit de juger et de punir et même parfois de condamner à mort.

Que doivent faire les seigneurs ?

Chaque seigneur doit défendre son fief et celui de son seigneur, il doit lui donner de bons conseils et se montrer généreux envers ses chevaliers. Il doit leur assurer de bons repas, des fêtes, et même lui fournir de beaux vêtements.

Au cours de la cérémonie de l'hommage, le **vassal** s'agenouille devant son seigneur, le suzerain, et place ses mains dans les siennes.

Le **seigneur** et le **vassal** se jurent **fidélité** : ils promettent de s'entraider dans les dangers.

L'AIDE AUX QUATRE CAS

▪ Le **suzerain** peut exiger de l'argent de son vassal dans quatre cas :

▪ Quand **il marie sa fille aînée**, ou quand il fait **adouber son fils aîné**, et qu'il doit organiser de grandes fêtes, très coûteuses.

▪ Quand **il est prisonnier** et qu'il faut payer sa rançon.

▪ Quand **il part à la croisade**, ce qui coûte très cher.

L' hommage

Quand un seigneur meurt, son fils doit reconnaître qu'il est le vassal du seigneur de son père. On dit qu'il devient l'homme de ce seigneur, par une cérémonie appelée l'hommage.

Le **seigneur** remet à son vassal un objet qui représente les terres de son fief.

Les rois

Au temps des chevaliers, dans tous les pays d'Europe, il y a un prince, un roi ou un empereur qui pense que son pouvoir lui vient de Dieu.

Le roi est sacré

Quand un roi meurt, c'est son fils aîné qui devient roi, après une cérémonie religieuse appelée le sacre. En France, cette cérémonie a lieu dans la cathédrale de Chartres.

Le roi est sacré par un **évêque**, un des plus grands personnages de l'Église, ou même par le pape. Le roi de France reçoit d'abord l'**onction du chrême**, une huile sainte, dont on affirme qu'elle se renouvelle sans cesse depuis le baptême du premier roi de France, Clovis.

Le roi s'agenouille pour recevoir la **couronne**.

Le roi reçoit la **main de justice**, qui montre qu'il est capable de juger et de punir et un **globe** qui représente son pouvoir.

Comment devenait-on roi ?

En France, le roi était obligatoirement le fils aîné du roi précédent, ou l'aîné de ses neveux s'il n'avait pas d'enfants. Mais dans d'autres pays, comme l'Angleterre ou le Danemark, les filles pouvaient devenir reines.

Est-ce qu'un roi pouvait être vassal ?

Oui, s'il avait des terres qui dépendaient d'un autre seigneur. Par exemple, le roi d'Angleterre était vassal du roi de France pour la Normandie et l'Aquitaine.

Y a-t-il eu des guerres gagnées par des vassaux ?

Lorsqu'un roi mourait et que son fils était très jeune, les vassaux en profitaient pour se révolter, et il était difficile de les battre. Mais les rois finissaient en général par gagner.

Supérieur à tous

Chaque prince, chaque roi, chaque empereur est certain d'être supérieur à l'ensemble de ses vassaux, car il est seul à ne pas avoir de seigneur ; il est le suzerain, direct ou indirect, de tous les vassaux de son royaume.

À la cour du roi, un personnel nombreux s'occupe de l'**administration** du royaume.

Le chef des armées royales s'appelle le **connétable**.

En réalité

Le roi n'a pas tous les pouvoirs. Souvent, les princes, ses vassaux, sont aussi riches et puissants que lui et ils ne lui obéissent pas toujours. Parfois même, ils lui font la guerre.

Les paysans

On parle beaucoup des chevaliers mais au Moyen Âge, presque tous les habitants de la France et de l'Europe vivent à la campagne : ce sont des paysans.

De pauvres gens

La terre produit très peu car il n'y a pas d'engrais, les récoltes ne sont pas abondantes, et les paysans doivent payer beaucoup d'impôts aux seigneurs. Les principales redevances sont : le cens pour avoir le droit de cultiver la terre, les péages sur les routes et les ponts, les banalités pour utiliser le moulin et le four du village.

Les semailles
On sème le blé ou le seigle pour faire de la farine. Elle sert à préparer la bouillie, principale nourriture des paysans.

Un dur travail

Les paysans travaillent la terre. À cette époque, il n'y a pas de machines et ce travail est très pénible.

28

On fait la **moisson** à la main, avec une **faucille**.

Les épis de blé sont battus avec un **fléau** pour faire sortir les grains.

Les grains sont portés au **moulin**.

Il faut d'abord **labourer** les champs. Les **charrues** sont très simples ; elles sont tirées par des **bœufs**. Il faut les guider à la main.

Serfs et vilains

On appelait vilains les paysans libres, alors que les serfs étaient attachés à la terre et n'avaient pas le droit de quitter la seigneurie. Même pour se marier, ils devaient demander l'autorisation du seigneur.

Les paysans étaient-ils vraiment laids ?

Le mot vilain veut simplement dire « qui n'est pas noble ». Mais comme les paysans étaient méprisés, vilain a fini par signifier « laid » et même « méchant ».

Pourquoi les paysans ne se révoltaient-ils pas ?

En fait, il y a eu des révoltes paysannes ; on les appelait des jacqueries (car les paysans étaient appelés les jacques). Mais les seigneurs ont toujours gagné et les révoltés étaient pendus.

Les paysans étaient-ils toujours malheureux ?

Non ils étaient heureux quand la récolte était bonne et, au cours de l'année, lors des fêtes.

La vie dans les villes

Les villes ne sont pas nombreuses et pas très grandes, mais elles sont très importantes car c'est là que les seigneurs se procurent des produits inconnus à la campagne.

herboriste

boucher

Foires et marchés

Sur les marchés qui se tiennent chaque semaine à la ville la plus proche, les paysans vendent des fruits, des légumes, des œufs et des volailles. Chaque année, des foires ont lieu dans certaines villes ; on y trouve des produits venus de très loin : soieries, armes, bijoux.

Les gens préféraient-ils vivre en ville ou à la campagne ?

En général, on considérait que la vie en ville était plus facile et plus libre, mais elle pouvait aussi comporter bien des dangers.

Quels étaient les dangers de la ville ?

Les maisons, qui étaient construites en bois et très serrées les unes contre les autres, brûlaient facilement. On avait donc très peur des incendies. De plus, la nuit, on craignait les voleurs et les criminels.

Est-ce vrai que les villes étaient sales ?

Il n'y avait pas d'égouts ni de poubelles. Tout le monde jetait ses eaux sales dans la rue et beaucoup de commerçants (bouchers, tanneurs…) y abandonnaient leurs déchets.

Artisans et commerçants

Dans leurs boutiques, les artisans vendent des objets qu'ils ont eux-mêmes fabriqués. Les plus nombreux sont les tisserands, qui font des tissus de lin ou de laine.

Les boutiques ont deux **volets**. Quand elles sont ouvertes, l'un des volets forme un étalage et l'autre sert de toit.

marchand de sel

marchands de grains

marchand drapier

Les communes

Contrairement aux paysans, les habitants des bourgs, les bourgeois, peuvent s'enrichir. Ils donnent de l'argent à leur seigneur pour qu'il les laisse libres de s'administrer comme ils le veulent. Une ville libre s'appelle une commune. Le symbole de la commune est le beffroi : une tour avec une cloche.

Tous chrétiens

**Tous les gens du Moyen Âge,
en Europe, sont chrétiens
et ils obéissent
aux règles de l'Église.**

L'Église décide

L'Église décide de tout : ce qui est bien et mal, qui a le droit de se marier, quand on a le droit de faire la guerre, et même ce qu'il faut manger… Par exemple, personne ne mange de viande le vendredi, ni dans les quarante jours qui précèdent Pâques, ni pour d'autres fêtes religieuses (150 jours par an environ). L'Église punit sévèrement ceux qui ne sont pas d'accord avec elle : ils peuvent même être brûlés !

**Tous les habitants
du village
se retrouvent
à l'église pour
la messe
du dimanche
et pour toutes
les cérémonies.**

Les prêtres et les moines

On appelle fidèles l'ensemble de tous ceux qui croient en Dieu et respectent les commandements de l'Église. Les prêtres et les moines, eux, consacrent leur vie à Dieu. Les prêtres vivent au milieu des fidèles, les moines vivent dans des abbayes, séparés du monde, ils travaillent et prient nuit et jour.

Y avait-il d'autres religions ?

Dans toutes les villes d'Europe, les seuls à ne pas être chrétiens, à ne pas croire que Jésus-Christ est Dieu, étaient les juifs. Ils étaient souvent persécutés pour cela.

Pourquoi on écrit église de deux façons ?

L'Église, avec un É majuscule, c'est l'ensemble des chrétiens ; elle est dirigée par le pape de Rome. Les églises, sans majuscule, sont les monuments où les fidèles prient Dieu.

Quelles sont les principales fêtes ?

Noël célèbre la naissance de Jésus, Pâques célèbre le jour où, disent les chrétiens, Jésus a ressuscité. Il y a de nombreuses autres fêtes religieuses.

Pour la fête de la **saint Jean**, le 24 juin, on allume de grands feux dans les champs; on danse et les jeunes gens se font admirer en sautant par-dessus.

Tout au long de la vie

Les cloches de l'église du village sonnent matin, midi et soir pour la prière de l'angélus, et le dimanche, pour la messe. Toute l'année on célèbre des fêtes religieuses et pour tous les grands moments de la vie on va à l'église. À la naissance, les enfants sont baptisés. Le mariage est une cérémonie religieuse, de même que les enterrements.

Les tours du château

Au centre de la seigneurie, le château marque la puissance du seigneur. Le plus souvent, c'est là qu'il habite, avec ses chevaliers.

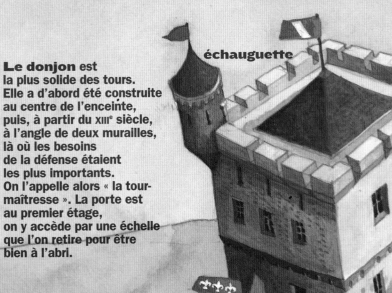

Le donjon est la plus solide des tours. Elle a d'abord été construite au centre de l'enceinte, puis, à partir du XIIIᵉ siècle, à l'angle de deux murailles, là où les besoins de la défense étaient les plus importants. On l'appelle alors « la tour-maîtresse ». La porte est au premier étage, on y accède par une échelle que l'on retire pour être bien à l'abri.

Les défenseurs du château s'abritent derrière les **créneaux**. La partie pleine est le **merlon**, la partie creuse, le **créneau**.

échauguette

mur à créneaux

Les **archères** sont des ouvertures pour tirer à l'arc.

Les **latrines** sont des toilettes, une petite construction à l'extérieur des murs. Leur « contenu » s'écoule par un trou dans la basse cour. On le recueille dans une cuve et on l'utilise comme engrais pour le jardin.

puits

Les **mâchicoulis** sont les galeries à créneaux au sommet d'un mur ou d'une tour.

tour d'angle

Tous les châteaux forts sont-ils semblables ?

Non, ils sont différents suivant les époques et les techniques de guerre. De plus, chaque seigneur a son idée sur la façon dont le château doit être construit.

Comment construisait-on une motte ?

On creusait un fossé en rond, en rejetant la terre vers l'intérieur du cercle. Elle y formait une petite colline que l'on entourait d'une palissade de bois.

Où les seigneurs habitaient-ils dans le château ?

Ils ont d'abord habité le donjon, puis ils ont préféré des logis plus confortables. Mais le donjon a toujours représenté le pouvoir du seigneur.

De la motte au château

Les plus anciens châteaux forts sont des mottes. À leur sommet, on construisait une tour en bois. Ensuite, on a construit des châteaux de pierre, presque imprenables.

chemin de ronde

pont-levis

Les hourds sont des galeries de bois accrochées aux remparts. Elles protègent les soldats du château.

basse cour

courtine

Le donjon

C'est dans le donjon que vivent le seigneur et sa famille, mais aussi les chevaliers, les hommes d'armes et les serviteurs.

Les chevaliers, les enfants du seigneur, et les serviteurs dorment dans la **même pièce.**

La chambre du seigneur est la seule avec de **vrais lits** et des matelas de plumes.

A côté de la grande salle, il peut y avoir une chapelle. Et aussi une petite pièce pour soigner les malades.

Au premier étage, la **grande salle** avec sa cheminée, la seule du château.

Le cellier où l'on range les provisions et les barriques de vin, de cidre ou de bière. **La cuisine** est dans la cour.

Plusieurs étages

Dans les premiers donjons, il n'y a qu'une pièce par étage. On passe de l'une à l'autre avec une échelle. Ensuite, on construit des escaliers à vis. Les seuls meubles sont les sièges : fauteuils pour le seigneur et sa famille, tabourets et bancs pour les autres. Les vêtements sont pliés dans des coffres, ainsi que les draps et les objets précieux.

Plus confortable

Plus tard, à partir de 1200, le donjon est construit à l'angle de deux murs du château. Le seigneur habite alors dans un logis, bâtiment plus confortable, plus aéré, à l'intérieur de la muraille. Mais en cas de guerre, quand le château risque d'être assiégé, tout le monde se réfugie dans le donjon.

Tout le monde dormait vraiment ensemble ?

Dans les premiers donjons, oui. Mais ensuite, on a divisé les pièces pour séparer les filles et les servantes des serviteurs et des soldats.

Avec une seule cheminée, il devait faire froid l'hiver ?

Oui, mais on pense que l'on transportait d'une pièce à l'autre des braseros, des sortes de marmites remplies de braises.

Et l'on réchauffait les lits avec une sorte de chaufferette au long manche que l'on remplissait de braises. Et les murs étaient couverts de tapisseries multicolores qui réchauffaient.

La chambre. est la pièce la plus confortable. Les dames s'y retrouvent. Il y a de vraies **fenêtres** avec des croisillons de plomb.

37

La basse cour

En contrebas du donjon,
il y a une cour que l'on appelle la basse cour
par opposition à la cour d'honneur
du château. C'est un vrai village.

La **basse cour**
est l'endroit où
travaillent tous ceux
qui assurent la vie
dans le château fort.
Tout ce dont
les chevaliers ont
besoin est fabriqué
au château.

Le **potier**
fabrique
des dizaines
de récipients
qu'il fait
sécher avant
de les faire
cuire, pour
les rendre
résistants.

On élève
les **animaux**
dans des enclos.
Les moutons
fournissent le lait
pour le fromage,
la laine pour les habits,
la viande, le cuir
et même le lard
pour la cuisine.
Les poules sont
nombreuses :
on mange des œufs
chaque jour.

Le **puits** d'où
l'on tire l'eau fraîche.

La basse cour comporte un **jardin** :
un **potager** pour les légumes
et un **verger** pour les fruits.

Un lieu de travail

C'est là que les servantes, les valets
et les artisans vivent et se rencontrent,
auprès du puits ou dans les nombreux ateliers.
Plus le seigneur est important, plus la basse
cour est grande et plus nombreux sont les gens
qui y travaillent.

Les écuries
pour les chevaux.

**Le maréchal-
ferrant**
Pour ferrer
les chevaux,
le maréchal-
ferrant doit tenir
fermement
le sabot.
Attention
aux ruades !

L'étable abrite
les vaches.

**Pourquoi y a-t-il
tant d'artisans
dans les châteaux?**
*Au Moyen Âge, il n'y a
pas d'usines. Tout doit
être fabriqué sur place :
la vaisselle, les armes,
les outils, les habits…*

Que fait le potier ?
*Le potier utilise de
l'argile pour fabriquer
les marmites, les pots
et les écuelles.
On fait tout cuire dans
des récipients de terre
cuite.*

**Comment sont
faites les armes ?**
*Dans tous les châteaux,
il y a une forge.
Le forgeron et son aide
entretiennent en
permanence un grand
feu pour amollir
les pièces de métal
qu'ils façonnent
avec un marteau
sur une enclume.*

39

À l'attaque !

Pour devenir le maître d'un territoire ennemi, il faut s'emparer de tous les châteaux : ceux du seigneur, mais aussi ceux de ses vassaux.

Assiégés !

L'armée ennemie entoure le château, elle empêche qui que ce soit d'y entrer et d'en sortir : c'est un siège. Pour arriver à entrer dans le château, ou pour démolir ses murailles, les assiégeants peuvent utiliser des machines de guerre mais elles sont lourdes et compliquées. En fait, il est presque impossible de prendre un château fort. Le meilleur moyen d'y arriver c'est d'avoir un allié à l'intérieur, et d'attendre qu'il vous ouvre les portes…

Le beffroi est une tour roulante, assez haute pour atteindre le sommet des murailles.

Il est difficile d'arriver jusqu'aux **murailles**, car il faut franchir les fossés sous les flèches des défenseurs.

Avec des **échelles** dressées le long des murailles, les assiégeants peuvent tenter d'arriver jusqu'au chemin de ronde.

La catapulte lance des pierres. Elle fonctionne avec des cordes et un ressort.

Les assiégeants peuvent aussi tenter de **creuser sous les murailles** pour atteindre l'intérieur du château. Cela s'appelle saper, mais c'est très long et très difficile.

Le **trébuchet** est une catapulte géante qui lance des pierres avec une sorte de fronde.

Les **murailles** sont si épaisses qu'elles sont impossibles à détruire avant l'invention du canon.

Est-ce que beaucoup de châteaux forts ont été pris?
Non, assez peu. Le plus célèbre est Château-Gaillard, qui défendait la Normandie, possession du roi d'Angleterre. Le château fut pris par le roi de France, Philippe Auguste, en 1203, grâce à un soldat qui y était entré par les latrines.

Que faisaient les paysans pendant le siège?
Si le siège durait longtemps, toute la campagne (on disait le plat pays) était ruinée car, pour se nourrir, les chevaliers et leurs soldats pillaient les réserves des paysans.

Le **bélier**, poussé par des dizaines de soldats, peut enfoncer les lourdes portes de bois.

Les **arbalètes** sont longues à préparer. Les arbalétriers se protègent derrière des panneaux de bois : les pavois.

Les **archers** et les **arbalétriers** envoient des flèches enflammées pour mettre le feu aux parties de bois, en haut du château.

41

Tenir bon !

Pendant le siège, les défenseurs doivent tenir le plus longtemps possible, en espérant que les assiégeants finiront par abandonner.

Les assiégés tirent des flèches, parfois enflammées, ou des carreaux d'arbalète sur ceux qui approchent des murs. Ils renversent les échelles. Ils jettent de l'eau bouillante sur les assaillants.

Une armée de secours
Les assiégés essaient de tenir bon jusqu'à l'arrivée d'une armée de secours, qui obligerait leurs ennemis à s'enfuir.

On ne pouvait pas s'enfuir par les souterrains ?
En réalité, il y avait peu de souterrains assez longs pour que l'on se retrouve derrière l'armée ennemie. Il valait mieux essayer de faire sortir quelques hommes pendant la nuit pour aller chercher du secours.

Et l'huile bouillante ?
Non, on ne jetait pas d'huile brûlante car l'huile était rare et précieuse, il n'y en avait que de petites quantités. On utilisait donc des marmites d'eau bouillante. Postés derrière les meurtrières, les assiégés jetaient en fait tout ce qu'ils avaient sous la main.

La plus grande crainte
Pendant le siège, les habitants du château ont très peur de manquer de nourriture. Ils se demandent ce que l'ennemi va inventer pour entrer dans le château, et ils ont toujours peur qu'un traître ouvre les portes.

Même si les ennemis parviennent à entrer dans le château, ils sont pris entre des jets de flèches. S'ils grimpent les escaliers du donjon, on les y attend et ils ont du mal à tirer l'épée dans les escaliers tournants.

À l'intérieur du château
Les habitants du château sont les assiégés. Ils doivent avoir assez d'eau et de provisions pour résister le plus longtemps possible. Par tous les moyens, ils essaient d'empêcher les assiégeants d'entrer.

Bouches inutiles
Quand il n'y a presque plus rien à manger, on chasse hors du château ceux qui ne peuvent combattre : les vieillards, les femmes et les enfants. Si les assiégeants ne les laissent pas passer, ils restent entre les deux camps.

Les dames du château fort

Dans le château, ce sont les hommes qui commandent, mais les femmes jouent aussi un rôle important.

La dame, épouse du seigneur

Elle est responsable de l'organisation de la vie de tous les jours. Elle doit s'assurer que les provisions sont suffisantes (sauf si le château est assez important pour avoir un intendant), elle commande aux serviteurs et aux servantes. C'est elle aussi qui veille à l'éducation des filles et des petits garçons.

Des mariages arrangés

Ce sont les parents qui organisent le mariage de leurs enfants. Ce qui importe, ce n'est pas qu'ils s'aiment, mais qu'ils soient d'une bonne origine (on dit « de bonne lignée »), afin que leurs enfants le soient aussi.

S'occuper des bébés

Dès leur naissance, les bébés sont allaités par une nourrice et emmaillotés très serré, car on a peur que leur corps se déforme. Les enfants apprennent à marcher avec une sorte de corde qui les maintient debout. Leur mère leur apprend ensuite à bien se tenir, et parfois à lire et à écrire.

Que se passait-il si on aimait quelqu'un d'autre ?
Les enfants devaient obéir à leurs parents. Et les femmes à leur mari, le chef de famille. Beaucoup de légendes du Moyen Âge racontent de tristes histoires d'amour impossible. La plus célèbre est celle de Tristan et d'Iseut la Blonde qui s'aimaient passionnément mais ne purent s'unir que dans la mort.

Y avait-il des divorces ?
Non, car l'Église interdisait le divorce. Mais les mariages duraient moins longtemps qu'aujourd'hui car on mourait plus jeune, et beaucoup de femmes mouraient en accouchant.

Les nobles dames ne sortent pas souvent du château. Elles passent leurs journées en compagnie des servantes et des autres femmes du château. Elles filent la laine avec une quenouille, font de la tapisserie et de la broderie. Et adorent aller chasser à cheval avec le seigneur et ses chevaliers.

Les servantes
Elles ont beaucoup de travail pour nettoyer, frotter, astiquer, apporter l'eau, aider à préparer les repas. Mais leur vie est souvent moins rude que celle des paysannes, car elles ont moins froid, ont moins de travail, et peuvent s'amuser avec les autres domestiques du château.

De beaux rêves dans le verger

Dans la basse cour du château, le verger est un jardin planté d'arbres fruitiers. Les dames aiment s'y asseoir quand il fait beau. Parfois de jeunes chevaliers viennent leur parler d'amour.

45

Les repas

Pour le seigneur, les repas sont l'occasion de montrer sa richesse et sa générosité, en nourrissant tous ceux qui sont dans le château.

Dresser la table

Les tables fixes n'existent pas : avant chaque repas, on pose une grande planche sur des tréteaux. Pour les grands festins, on n'utilise qu'un côté de la table ; des jongleurs et des acrobates distraient ceux qui mangent, les convives.

Les **paons**, les faisans et même les hérons étaient servis farcis et parés de leurs plumes.

Les **poissons** sont attrapés au filet dans les étangs et les rivières, et conservés dans le vivier du château.

Le repas est accompagné de **pain**, mais aussi de **bouillie de farine**, de crêpes ou de galettes.

Mettre le couvert

La table est recouverte d'une nappe blanche ; au milieu on dispose des salières et des récipients contenant de l'eau, pour se rincer les doigts. Il n'y a ni assiettes, ni fourchettes, juste des cuillères et des couteaux. Seuls les rois et les princes ont devant eux un plat d'argent. Il n'y a parfois qu'un verre pour deux.

Est-ce que la cuisine était bonne ?

Les enfants de notre époque n'auraient sans doute pas aimé grand-chose : il n'y avait pas encore de pommes de terre, donc pas de frites ; on ne connaissait pas non plus les pâtes ni le chocolat.

Et les desserts ?

L'été, il y avait des fruits frais, mais l'hiver, il fallait se contenter de fruits séchés, de noix et de noisettes. Les jours de fête, on mangeait des gâteaux au miel et à la pâte d'amandes, semblables à nos pâtisseries arabes.

Qu'est-ce qu'on buvait ?

La principale boisson était la cervoise, une sorte de bière fabriquée avec de l'orge fermentée. On buvait aussi du vin ; on en donnait même aux jeunes enfants car on pensait que c'était bon pour la santé. Il est vrai qu'il n'était pas très fort.

Avec les doigts

On se sert avec ses doigts à même le plat et on pose la nourriture sur une large tranche de pain, le tranchoir. À la fin du repas, le pain imbibé de sauce est donné aux chiens et on se rince les mains.

Le goût des plats est renforcé grâce aux épices : cannelle, girofle, poivre, gingembre, qui viennent de loin et coûtent très cher.

Bouilli ou rôti ?

La plupart du temps, la viande, surtout du porc, est bouillie comme le pot-au-feu et servie en sauce. On y ajoute des légumes : chou, navets, pois. Les jours de fête on mange du bœuf qui peut être rôti à la broche, et du gibier quand la chasse a été bonne.

47

La chasse

Les seigneurs, les chevaliers et même les dames adorent aller à la chasse, c'est la distraction qui ressemble le plus à la guerre.

En plus du couteau de chasse, les chasseurs ont des épieux, des épées et même des **lances** pour les gros animaux.

La chasse à courre

C'est une chasse qui se pratique à cheval. Quand les serviteurs ont repéré, dans la forêt ou dans un champ, un sanglier ou un cerf, le seigneur et ses amis se lancent à sa poursuite avec leur meute de chiens et le font courir jusqu'à ce qu'il soit épuisé. On descend alors de cheval pour achever l'animal avec un couteau de chasse.

48

Le faucon est coiffé d'un capuchon pour le faire tenir tranquille.

Le gibier

Ce que les seigneurs apprécient le plus, c'est le gros gibier : les cerfs, les chevreuils, les loups et même les ours, qui sont nombreux dans certaines régions. Ils chassent aussi les oiseaux : cailles, faisans, perdrix, pigeons, ainsi que les lièvres et les lapins.

Pour protéger son bras des griffes du faucon, le fauconnier porte un gantelet rembourré.

Est-ce que tout le monde chassait ?

Non, les paysans n'en avaient pas le droit. Ceux qui essayaient quand même s'appelaient des braconniers, et ils pouvaient être pendus pour cela.

Y avait-il beaucoup de gibier ?

Oui, à l'époque des chevaliers, les animaux sauvages étaient plus nombreux qu'aujourd'hui car il n'y avait pas beaucoup de chasseurs ni de produits chimiques dans les champs. Le gibier fournissait une grande partie de la viande mangée au château.

La chasse au faucon

Pour chasser le petit gibier, les plus riches peuvent avoir des faucons, dressés pour la chasse. Le faucon porte un capuchon de cuir, il est attaché au poing du seigneur (il faut un gant bien solide). Quand le seigneur, ou la dame, enlève le capuchon du faucon et le libère, il fond sur sa proie et la tue.

49

Les tournois

Les tournois étaient le meilleur moyen de s'entraîner à la guerre. Les seigneurs et les chevaliers adoraient ces combats « pour rire ».

Les tournois

Pour éviter les guerres, les princes organisent des luttes en temps de paix. Les premiers tournois ont lieu dans de très grands espaces, de plusieurs kilomètres de long, entre deux châteaux. Le combat dure toute la journée.

Les règles du jeu

Chaque nation doit capturer le plus possible de chevaliers d'une autre nation, en prenant leur cheval par la bride et en l'entraînant au loin.

Des nations ennemies

Les jeunes chevaliers, que l'on appelle des bacheliers, s'organisent en bandes ou « nations », avec chacune leur drapeau, porté par un banneret, comme pour une guerre. Les nations peuvent comprendre chacune plus de cent bacheliers.

Y avait-il beaucoup de tournois ?

Non, car c'était difficile à organiser. Les tournois donnaient lieu à de grandes festivités qui pouvaient durer une semaine. C'est pourquoi quand un jeune chevalier apprenait qu'il allait y avoir un tournoi, il s'y précipitait.

Est-ce que tout le monde pouvait participer aux tournois ?

Seuls les chevaliers pouvaient participer à un tournoi. Il fallait donc prouver que l'on était bien chevalier en faisant témoigner d'autres chevaliers.

Qu'est-ce qu'on gagnait ?

Les vaincus devaient payer une rançon aux vainqueurs pour obtenir leur liberté. C'était donc un moyen de s'enrichir. Le vaincu sortait du terrain mais, s'il promettait de payer, il pouvait reprendre la lutte et essayer de capturer un adversaire pour regagner l'argent de sa rançon.

Une bonne tactique

Pour gagner, les chevaliers doivent rester groupés et bien utiliser le terrain : bosquets et forêts où l'on peut se cacher, fossés, rivières et pièges pour faire tomber l'ennemi. Les terrains sont délimités par des lices, et, lorsqu'on en sort, on se met hors jeu, on peut donc se reposer.

51

Les joutes

Elles remplacent les tournois car les chevaliers préfèrent se battre deux par deux, pour montrer leur vaillance et leur habileté.

À chacun son adversaire

Les participants à une joute ne peuvent avoir comme adversaires que des gens de leur catégorie : un prince combat un autre prince, un chevalier un autre chevalier et un écuyer un autre écuyer.

Les règles du jeu
Au signal, les deux adversaires se lancent l'un contre l'autre, armés d'une longue lance sans pointe. Chacun essaie de désarçonner l'autre, de le faire tomber de cheval. La barrière qui sépare les chevaliers s'appelle la lice.

Sous le regard des dames

Les combattants paradent devant les dames. Si l'une d'elles a une préférence pour un chevalier, elle lui remet un objet portant ses couleurs, un foulard ou une manche de sa robe, qu'il portera sur lui pendant la joute.

Des réjouissances pour tous

Des tribunes sont dressées pour les spectateurs nobles ; la foule des villageois admire les beaux costumes. Près des lices où a lieu la joute, des marchands installent des tréteaux : ils vendent des armes, des vêtements, des bijoux. Des musiciens font danser les paysans.

Pouvait-on être blessé pendant un tournoi ?

Oui, c'était très dangereux, on pouvait même mourir. Le plus célèbre accident est celui qui causa la mort du roi de France Henri II en 1559 : la lance de son adversaire défonça la visière de son casque et lui creva l'œil. La blessure s'infecta, le roi mourut dans d'atroces souffrances.

Qu'est-ce qu'on gagnait ?

Les adversaires étaient récompensés par la gloire et l'admiration des dames. Parfois, le prince qui avait organisé le combat remettait au vainqueur de l'argent ou des objets précieux.

Y avait-il des champions ?

En 1337, la duchesse de Bretagne organisa une grande joute. Le jeune Bertrand du Guesclin prit les armes d'un de ses cousins et fut vainqueur 16 fois de suite. Personne ne savait qui était ce chevalier. Quand il leva la visière de son casque, il était célèbre. Il commanda, plus tard, toutes les armées du roi de France.

53

Les troubadours

Dans le château, les repas de fête et les soirées sont souvent animés par des artistes de grand talent.

Chansons de gestes

Les troubadours chantent ce que les seigneurs préfèrent : la guerre. Dans les chansons de geste, ils racontent les exploits (les gestes) de chevaliers extraordinaires, comme Roland ou ceux qui entourent le roi Arthur.

Trouvères et troubadours

Les trouvères (au nord de la France) et les troubadours, au sud, inventent (ils trouvent) des poèmes et de belles histoires. Ils vont de château en château pour chanter leurs poésies. On les appelle aussi des chansonniers. Les ménestrels, eux, sont attachés à un seigneur, ils restent toujours avec lui.

Comment devenait-on troubadour ?

Les troubadours étaient de grands artistes et des savants. Ils devaient connaître la poésie, la musique, jouer d'un instrument, chanter. Ils avaient fait des études, ce qui était rare.

Les chevaliers pouvaient-ils être troubadours ?

De très grands seigneurs ont été troubadours, comme le duc d'Aquitaine Guillaume IX, ou Thibaut IV, comte de Champagne, qui fut appelé Thibaut le Chansonnier. Et même le roi Richard Cœur de lion.

Y avait-il d'autres loisirs ?

Le jeu de paume est l'ancêtre du tennis. On jouait aux échecs, aux dés. Il y avait aussi des spectacles de théâtre devant les cathédrales : les mystères, qui racontaient la vie de Jésus ou celle des saints.

Chansons d'amour

Les troubadours composent aussi des poèmes qui racontent les amours, souvent impossibles, de nobles dames et de chevaliers. Pour accompagner les poèmes, les musiciens jouent de toutes sortes d'instruments : vielle, luth, rebec, harpe et flûte de pan. Le psaltérion est l'ancêtre du piano.

Un peu de cirque

Les spectacles comportaient des divertissements très appréciés comme les tours de force des jongleurs et les postures des acrobates. On aimait aussi les montreurs d'animaux qui se déplaçaient avec un loup ou un ours apprivoisés, ou bien avec un petit singe qui faisait rire tout le monde.

55

Les peurs

Tout le monde au Moyen Âge a peur de tomber malade, car la science n'a pas encore compris les causes des maladies ni comment les éviter, et il n'y a pas de médicaments pour les soigner.

Être **malade**, c'est risquer la mort. On ne vit pas très vieux (35 ans en moyenne).

La peste et la lèpre

On peut mourir d'une angine, de la rougeole, d'une otite ou d'une toute petite blessure qui s'est infectée. On craint les épidémies de peste transmise par les rats noirs, une horrible maladie qui cause d'affreux furoncles ou des étouffements dont on meurt en quelques jours. La lèpre ronge les mains et les pieds et même les visages. On redoute aussi les épidémies de variole, dont on meurt dans la plupart des cas.

Des herbes pour se soigner

Dans le potager du château, on cultive des herbes et des aromates pour soulager quelques souffrances : le pavot fait dormir, la rue empêche d'avoir la diarrhée, la potentille apaise certaines démangeaisons. Un petit morceau de gras de porc peut servir de suppositoire.

Les lépreux doivent vivre à l'écart. Ils signalent leur venue avec une **crécelle**.

Est-ce que même les rois avaient peur de la mort ?

Oui. Louis XI, un roi de France qui a régné de 1461 à 1483, avait très peur de mourir. Il portait toutes sortes de médailles autour de son chapeau et à son cou, pour se protéger du mal.

Comment attrapait-on la lèpre ?

Au contact d'un lépreux, même si sa maladie n'était pas encore déclarée. Le roi Baudouin IV de Jérusalem eut la lèpre dès son enfance. Il en mourut à l'âge de 25 ans.

Et la peste ?

Jusqu'au XVIIIe siècle, des dizaines de milliers d'Européens ont été victimes des épidémies de peste qui revenaient tous les dix ans environ. Cette maladie se transmet à l'homme par les piqûres de puces et par contagion.

Les opérations étaient confiées à des **chirurgiens-barbiers** qui procédaient aussi bien à la coupe de cheveux qu'à l'amputation d'un membre sur le champ de bataille. Beaucoup de blessés n'y survivaient pas.

Les soins aux blessés

Si un chevalier est gravement blessé, on peut brûler sa plaie avec un fer rouge. La douleur est horrible, il peut en mourir, mais s'il survit, la plaie est cautérisée, c'est-à-dire plus nette et désinfectée (un mot inconnu au Moyen Âge). Quand la blessure est vraiment très grave, on coupe le membre blessé. Et à cette époque, on ne sait pas endormir les gens pour leur éviter la douleur…

Jeanne d'Arc est tout le contraire d'un chevalier : d'abord, c'est une femme, et puis, quand elle était enfant, elle n'a pas appris à se battre, mais à filer la laine et à garder les moutons.
Elle n'aime pas vraiment la guerre, mais combat pour rendre la France à son « vrai » roi, Charles VII. Pour les gens du Moyen Âge, elle est une sorcière. Elle est représentée ici lorsqu'elle apprend au roi qu'elle vient de libérer Orléans, un ville assiégée depuis des mois par les Anglais.

59

Des chevaliers bien réels

Les exploits des plus grands chevaliers ont été racontés par les poètes et les écrivains. Ils sont devenus des héros de légende... mais ces chevaliers étaient bien réels et ils ont eu un rôle important dans l'histoire de leur pays.

Le Cid
Le héros de la pièce de Corneille est un vrai chevalier espagnol : Rodrigo Diaz de Vivar, surnommé le Cid Campeador (seigneur et guerrier illustre).

Les croisés ont beaucoup admiré leur adversaire, le sultan **Saladin**, pour sa bravoure et ses qualités de parfait chevalier.

Le **Prince Noir** était le fils du roi d'Angleterre Édouard III. Il fut un des grands chevaliers anglais de la guerre de Cent Ans.

Comme tout bon chevalier, le roi **Richard**, cher à Robin des Bois, ne rêvait que de batailles et de grands exploits... d'où son surnom de Cœur de Lion. Il fut aussi un bon troubadour.

Des chevaliers de légende

Les chansons de geste et les romans de chevalerie racontent les exploits et les amours de chevaliers imaginaires, encore plus braves, plus forts et plus généreux que les vrais.

Tristan et Iseut sont célèbres pour leur histoire d'amour impossible. Alors que Tristan est allé chercher Iseut, la fiancée de son oncle le roi Mark, les deux jeunes gens boivent par accident un philtre d'amour qui les lie à jamais...

Yvain le chevalier au lion porte ce nom depuis qu'il a libéré un lion attaqué par un dragon. Ayant quitté sa dame pour accomplir des exploits, il ne la retrouve qu'après avoir subi bien des épreuves, avec l'aide de son lion fidèle.

Perceval le Gallois fait partie des chevaliers de la Table ronde. Réunis autour du roi Arthur, ils recherchent le Graal, un vase sacré qui contient le sang de Jésus-Christ.

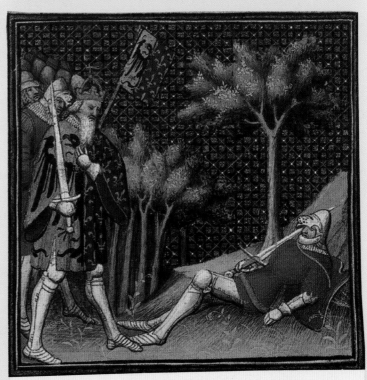

Roland le preux est le neveu légendaire de Charlemagne. Attaqué par traîtrise, il meurt au col de Roncevaux, dans les Pyrénées, après avoir ébréché la montagne avec sa chère épée : Durandal.

Les Normands sont des Vikings : Guillaume et ses chevaliers partent à la conquête de l'Angleterre sur des drakkars à voile carrée.

La tapisserie

Elle raconte en images brodées la conquête

de Bayeux

de l'Angleterre par les Normands.

La **chasse au faucon** du duc de Normandie, Guillaume le Conquérant, et de Harold, le roi des Anglo-Saxons, avant la défaite de ce dernier.

Les soldats à pied, ou fantassins, sont armés de haches, les **chevaliers**, sont armés de lances. À leurs pieds, les chevaux et les combattants tués.

Pembroke, au pays de Galles, a été construit par un baron normand de Guillaume le Conquérant, puis refait au XIIIᵉ siècle.

Toujours debout

Il y a eu des châteaux forts dans tous les pays d'Europe ; leurs ruines font revivre le temps des chevaliers.

Pendant plus de 500 ans, tous les princes et tous les seigneurs d'Europe ont construit des châteaux forts. Les lieux où on les trouve avaient été choisis avec soin car ils devaient empêcher les ennemis d'avancer. Un château défendait une route, une rivière ou un passage entre deux montagnes. Souvent, le roi ou le seigneur demandait à un architecte de dessiner les plans du château et de diriger les artisans sur le chantier. Les paysans de la seigneurie faisaient les travaux les plus durs : préparer le terrain, creuser les fossés, extraire des pierres dans les carrières, les charrier jusqu'au château où des tailleurs de pierre les préparaient.

Les ruines du château de **Belmonte**, en Espagne, dominent un village qui est lui aussi fortifié. Ce château a été construit au XIIIᵉ siècle ; il a la forme d'un hexagone (6 côtés).

C'est le roi de France saint Louis qui a fait construire la bastide de **Carcassonne** pour montrer sa puissance aux seigneurs du Midi. La cité est entourée de 2 enceintes avec 52 tours.

Le château de **Pfalz** (Pfalzgrafenstein) fait partie des nombreux châteaux construits par les seigneurs allemands pour surveiller le Rhin. Chacun d'eux exigeait un péage des bateaux.

La construction du château fort

À **Guédelon**, en Puisaye, au nord de la Bourgogne, 40 ouvriers ont entrepris de bâtir un château fort comme au temps du roi de France Philippe Auguste.

Les plus beaux châteaux forts ont été construits en France vers 1200, au temps du roi Philippe Auguste. Le château de Guédelon reprend les plans des forteresses de cette époque et utilise les mêmes outils et les mêmes matériaux : les pierres, le sable et le bois de la région. Le chantier, commencé en 1997, devrait être terminé vers 2022. Sur un chantier du Moyen Âge, on trouvait des maçons, des cordiers, des forgerons, des charpentiers... et des cuisiniers.

Les **chèvres**, qui se contentent d'une maigre nourriture, fournissaient aux paysans une viande très appréciée.

La vie quotidienne

Les livres d'heures du Moyen Âge sont illustrés de petites peintures, les miniatures, qui décrivent la vie des gens au temps des chevaliers.

Le **sel** est cher mais tout le monde doit en acheter, car c'est le seul moyen de conserver la viande.

La **cueillette des cerises** est l'un des moments les plus agréables de l'été. Ces trois garçons portent des tuniques serrées à la taille, des chausses (des sortes de bas) et des chaussures à la poulaine. Le plus jeune est pieds nus.

Ce sont toujours les **femmes** qui préparent la nourriture, pétrissent le pain, entretiennent le feu sous la marmite. Ce sont elles aussi qui s'occupent des enfants.

Les **teinturiers** donnaient de belles couleurs aux tissus, en les faisant bouillir avec des plantes.

Ciel et enfer

La plus grande peur, au temps des chevaliers, est celle de l'enfer où le Diable fait subir toutes sortes de supplices à ceux qui ont commis des fautes graves.

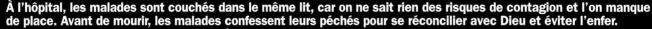
À l'hôpital, les malades sont couchés dans le même lit, car on ne sait rien des risques de contagion et l'on manque de place. Avant de mourir, les malades confessent leurs péchés pour se réconcilier avec Dieu et éviter l'enfer.

Les artistes du Moyen Âge imaginent avec beaucoup de détails les **tortures de l'enfer**. Le Diable est représenté comme un monstre qui avale les pécheurs, poussés dans sa gueule par des diablotins.

Au temps des chevaliers, on a peur de l'enfer mais aussi de tout ce qui est **différent** : les étrangers, ou ceux qui sont trop savants et qu'on prend pour des sorciers, et les juifs qui ne sont pas chrétiens et que l'on persécute. On croit aux fantômes, aux loups-garous, des hommes qui se changent en loups les nuits de pleine lune.

Pour les paysans la grande peur c'est la **famine**. Ils redoutent aussi la guerre et les soldats qui ravagent les récoltes et pillent le pays.

LES MOTS DU MOYEN ÂGE

Abbaye : lieu où des moines ou des moniales vivent ensemble en suivant la même règle de vie. Une abbaye est dirigée par un abbé ou une abbesse.

Apprenti : jeune garçon qui apprend son métier auprès d'un maître artisan, chez qui il habite.

Armes : ce mot a deux sens au Moyen Âge : il peut désigner l'armement proprement dit (épée, lance, armure, etc.) mais aussi les armoiries.

Armoiries : les armoiries des familles nobles sont peintes sur les écus, et forment des blasons, une sorte de « carte d'identité » pour les chevaliers.

Baron : titre de noblesse le moins élevé ; il vient d'un mot franc qui veut dire « homme libre ».

Beffroi : haute tour construite par les membres d'une commune pour montrer leur puissance.

Cens : impôt payé au seigneur par tous les paysans en échange du droit de cultiver les terres de la seigneurie.

Chevalier : à l'origine, c'est celui qui combat à cheval ; au Moyen Âge, les familles de chevaliers forment la noblesse.

Clerc : personne qui fait partie du clergé. Au Moyen Âge, l'Université fait partie de l'Église, les étudiants sont donc des clercs.

Clergé : ensemble de tous ceux dépendant de l'Église : prêtres, évêques, moines et moniales.

Cloître : galerie couverte donnant sur un jardin, pour la promenade des moines et des moniales.

Commune : c'est le nom que prennent les habitants d'une ville quand ils s'associent pour se libérer d'un seigneur, en général en le payant.

Compagnon : ouvrier qui travaille pour un maître artisan.

Connétable : responsable des armées du roi.

LES MOTS
DU MOYEN ÂGE

Corvée : travail obligatoire accompli par les serfs pour leur seigneur.

Couard : peureux, lâche.
Dire à un chevalier qu'il est couard est la pire injure qu'on puisse lui faire.

Courtois : cet adjectif signifiait « qui se fait à la cour (du roi ou du seigneur) ».
Au Moyen Âge, on parle d'amour courtois pour désigner les attentions que les dames reçoivent des chevaliers. Aujourd'hui, être courtois, c'est se conduire avec une grande politesse.

Croisade : expédition menée en Orient par les chevaliers chrétiens contre les musulmans. Comme les musulmans étaient installés en Espagne depuis 711, il y a eu aussi des croisades en Espagne.

Dîme : impôt d'un dixième de la récolte payé au clergé, c'est-à-dire aux prêtres.

Disette : période pendant laquelle il n'y a pas suffisamment de nourriture pour que les hommes mangent à leur faim.

Dynastie : suite de rois ou de seigneurs appartenant à la même famille.

Écuyer : à l'origine, c'est celui qui porte l'écu (le bouclier) du seigneur, il est donc son assistant.

Église : avec un É majuscule, c'est l'ensemble de tous les chrétiens, avec leur clergé.

Empereur : au Moyen Âge, il n'y a qu'un empereur, qui règne sur l'Allemagne actuelle. Les empereurs affirment qu'ils sont plus importants que tous les rois, mais les rois de France ont toujours refusé de leur être soumis.

Épidémie : maladie qui touche en même temps un grand nombre de personne. Au Moyen Âge, on craignait surtout les épidémies de peste, mais, certaines années, des milliers d'enfants pouvaient mourir de la rougeole ou de la variole.

Évêque : personnage très important qui est désigné par le pape pour gouverner les prêtres d'un diocèse.

Famine : période où il y a si peu à manger que l'on peut mourir de faim.

Félon : celui qui n'est pas fidèle au serment qu'il a fait à son seigneur ou qui ne tient pas la parole donnée. La félonie est la plus grave faute que puisse commettre un chevalier.

Féodalité : l'organisation de toute la société du Moyen Âge, où, du plus puissant seigneur au plus pauvre serf, tous sont liés par des liens personnels, d'homme à homme.

Fief : territoire cédé par le seigneur à son vassal en échange de sa fidélité.

Gueux : pauvre, qui n'a pas de quoi vivre, qui mendie pour vivre. Ce mot

LES MOTS
DU MOYEN ÂGE

est devenu une insulte, car les gueux étaient méprisés.

Héraut : soldat dont la fonction était de porter des messages et d'annoncer de grands événements. Les hérauts connaissaient bien les armoiries des différentes familles, c'est pourquoi on appelle « héraldique » la connaissance des armoiries.

Hommage : cérémonie par laquelle un homme devient le vassal d'un seigneur.

Jongleur : ménestrel nomade qui va de château en château et de ville en ville en chantant ou en accomplissant des tours de force et des acrobaties.

Joute : lutte « sportive » à la lance ou à l'épée entre deux chevaliers.

Jugement de Dieu : les hommes du Moyen Âge sont certains que Dieu est présent dans tous les moments de la vie, donc qu'il peut donner son avis et juger les hommes. Quand un chevalier est accusé, il peut se battre contre celui qui l'accuse ; c'est Dieu qui juge au travers du combat et celui qui a raison est vainqueur.

Langue d'oc : langue parlée au Sud de la France, assez proche du latin.

Langue d'oïl : langue parlée au Nord de la France.

Lignage : ensemble des gens qui ont le même ancêtre. Ce mot n'est utilisé que pour la noblesse pour qui être de haut lignage est très important.

Maître artisan : un artisan est une personne qui vend lui-même, dans sa boutique, les objets qu'il a fabriqués. Pour devenir maître, il fallait avoir été apprenti et compagnon, puis réaliser un très bel objet, un chef-d'œuvre, et être accepté par les autres maîtres de la ville. À la fin du Moyen Âge, seuls les fils de maîtres étaient acceptés.

Manant : celui qui reste dans un village, sous l'autorité du seigneur. Comme vilain, ce mot a fini par indiquer le mépris.

Médiéval : adjectif qui veut dire « datant du Moyen Âge », moyenâgeux.

Ménestrel : musicien et chanteur ambulant qui chante des chansons composées par d'autres, trouvères ou troubadours.

Miniature : peinture très petite, qui ornait souvent les enluminures.

Moine : homme dont la vie est consacrée à Dieu. Les moines vivent en communauté en respectant une règle qui définit les moments où ils doivent prier, travailler, dormir, manger et même parler.

Monastère : ensemble des bâtiments d'une abbaye.

Moniale : femme qui, comme un moine, vit en communauté en respectant une règle.

LES MOTS
DU MOYEN ÂGE

Noblesse : en latin, le mot noble voulait dire «bon, généreux» ; les chevaliers se considèrent comme meilleurs que les autres hommes, leurs familles (ou lignages) forment la noblesse, ou aristocratie.

Paix de Dieu : période pendant laquelle l'Église interdit les combats.

Parchemin : au Moyen Âge, on ne sait pas fabriquer de papier. Les livres et les documents sont faits avec de la peau d'animal (veau, porc ou mouton), préparée pour que l'on puisse écrire dessus.

Peste : c'est la maladie la plus redoutée du Moyen Âge. La peste noire attaquait les poumons ; tous ceux qui l'attrapaient mouraient d'étouffement. La peste bubonique donnait d'énormes furoncles à l'aine ou aux aisselles ; quelques rares survivants ont réussi à en guérir.

Sacre : cérémonie religieuse au cours de laquelle l'Église reconnaît que le pouvoir d'un roi ou d'un évêque vient de Dieu.

Saint : pour les chrétiens, un saint est un personnage qui, dans sa vie, s'est montré particulièrement bon et fidèle à Dieu, et qui a même accompli des miracles. Les chrétiens prient les saints pour qu'ils interviennent en leur faveur auprès de Dieu.

Sceau : on appelle sceau à la fois une pièce de métal, ronde ou ovale, où sont gravées en creux des armoiries et l'empreinte qu'elle laisse dans de la cire molle. Les sceaux, placés directement sur un parchemin ou au bout d'un ruban collé sur le parchemin, servaient de signature.

Seigneur : celui dont dépendent les terres et les hommes. Ce mot vient du latin senior qui signifie «plus vieux», donc plus respecté.

Serf : paysan qui est attaché à une terre et n'a pas le droit de la quitter. Il accomplit des corvées, paie plus d'impôts que les autres, et doit même demander l'autorisation du seigneur pour se marier.

Suzerain : le seigneur du seigneur. Le roi de France est le suzerain suprême de tous les seigneurs de son royaume.

Tournoi : combat «sportif» entre plusieurs chevaliers dans un champ clos.

Troubadour : poète du Sud de la France, où l'on parle la langue d'oc.

Trouvère : poète du Nord de la France, où l'on parle la langue d'oïl.

Vassal : homme qui se lie personnellement à un seigneur en échange d'un fief.

Vilain : un vilain est un paysan libre. L'adjectif vilain a fini par signifier méchant et laid, parce que les vilains étaient méprisés.

INDEX

INDEX

Crédits photographiques

p. 58-59 : G. Dagli Orti.
p. 60 hg : Archivo Iconografico, S.A./Corbis ; m : Ph. Coll. © Archives Larbor
p. 61 h : Angelo Hornak/Corbis ; b :Bettmann/Corbis
p. 62 g : Ph. Hubert Josse © Archives Larbor
p. 62-63 : Ph. Coll. © Archives Nathan
p. 63 h : Ph. Coll. © Archives Larbor ; b : Ph. © The British Library, Londres - Archives Larbor
p. 64 h : Gianni Dagli Orti/Corbis
p. 64-65 : Nik Wheeler/Corbis
p. 65 h : Gianni Dagli Orti/Corbis
p. 66 : Jason Hawkes/Corbis
p. 67 hg : Jose Fuste Raga/Corbis ; mg : Jonathan Blair/Corbis ; bg : Bob Krist/Corbis ; hd : François Folcher ; bd : Ph. R. Lalance © Archives Larbor
p. 68 hg : Ph. Coll. © Archives Larbor ; bg : Ph. © The British Library, Londres - Archives Larbor
p. 68-69 : Ph. Coll. © Archives Larbor
p. 69 hd : Ph. Coll. © Archives Larbor ; bd : Ph. Coll. © Archives Larbor
p. 70 hg : Michael Busselle/Corbis ; b : Ph. Coll. © Archives Nathan
p. 71 : Arte e Immagini srl/Corbis

Imprimé en Italie par Canale, Turin
© Larousse 2004.
21, rue du Montparnasse, 75006 Paris.
ISBN 203-565097-6
Photogravure : Arts Graphiques du Centre, Saint-Avertin
Conforme à la loi numéro 49 956 du 16 juillet 1949 sur les publications destinées à la jeunesse.
10106008 - octobre 2004